LA FRANCE

ET

LA PRUSSE

EN

1870.

RÉSUMÉ HISTORIQUE ET POLITIQUE.

LA HAYE,
BELINFANTE FRÈRES,
Libraires-Éditeurs.
—
1870.

INTRODUCTION.

Le cœur de chacun qui a habité la France doit saigner en lisant ces ruines, cette dévastation, ces malheurs qui accablent en ce moment ce beau pays. Paris, cette ville cosmopolite, qui appartient autant à l'Europe qu'à la France, où une population flottante vient de tous les coins de la terre chercher ses plaisirs et ses récréations, Paris bombardé, les forêts brûlées, les monuments et palais détruits, ce n'est pas à y croire! Grande est la responsabilité de ceux qui auront été cause de ces ruines, de ces malheurs, et que la malédiction des siècles retombe sur eux.

Il serait assez injuste d'accuser telle personne ou tel système quand tout a contribué à ce désastre. Nous tâcherons avec la plus grande impartialité de mettre le doigt sur la plaie, et si nous aidons à la guérir plus tard, la récompense de nos peines aura été doublement payée.

En jetant un coup d'œil sur les événements qui viennent de se dérouler, la première personne en vue, c'est cet Empereur tombé de si haut et qui vient de finir si tristement, et cela après que sept à huit millions de suffrages venaient de se prononcer en sa faveur et lui assurer une nouvelle force d'existence.

D'après les opinions différentes de personnes qui ont été à même de connaître l'Empereur, et qui me l'ont dépeint, je tâcherai de reproduire leurs impressions.

Le caractère sombre, taciturne et très-variable. — Sous ce dernier point je pourrais produire comme preuve des faits qui m'ont été racontés par des personnes à même d'être parfaitement renseignées.

L'Empereur acceptait avec une facilité inouïe tout ce qu'on lui racontait. Croirait-on qu'avec tant d'autres raisons qui l'ont poussé à faire la guerre au Mexique, on lui avait fait croire qu'il ferait revenir l'or à la France comme dans le temps où Ferdinand Cortez et Pisarro l'avaient fait affluer en Espagne. (Ceci m'a été raconté par un Anglais que S. M. affectionnait beaucoup et à qui il l'aurait dit.) C'est à la même personne qu'il montra les fameuses mitrailleuses à Meudon, croyant anéantir avec elles les Prussiens.

Ce qu'on ne peut méconnaître dans l'Empereur, c'est qu'il a été un véritable ami pour tous ceux qui lui ont prouvé de l'affection et qu'il les a comblés de bienfaits souvent oubliés.

Je ne me permettrai nullement de juger une personne hier encore si haut placée et aujourd'hui tombée; je n'essaie que de tracer une opinion personnelle d'après ce que j'ai été dans l'occasion d'en apprendre moi-même; il sera bien plus curieux de savoir ce que des hommes comme Palmerston, Russel, Cobden-Bright, Sir Frances Head, etc. pensaient de Louis Napoléon Bonaparte en 1852 et comment ils ont jugé son coup d'État.

La fameuse lettre de Lord Palmerston après le coup d'Etat contenait entre autres expressions remarquables ce qui suit:

Enfin La France reprend son rang parmi les Nations. On sait que c'est cette fameuse lettre qui coûta la place de ministre à Lord Palmerston. Lord John Russel n'a pas autrement jugé l'acte du 2 Décembre; il a vu lui aussi en Louis Napoléon l'homme qu'il fallait à la France, et a complètement approuvé ses actes alors.

Bright, en comparant les bases des élections politiques en France à cette époque avec celles de l'Angleterre, les a déclarées cent fois plus libérales.

Frances Head en parlant de Louis Napoléon disait alors: „Il a plu au Tout-Puissant de placer au timon (en par„lant métaphoriquement du vaisseau de l'État) un Pilote „possédant presque toutes les qualités nécessaires pour „rendre à la France cette tranquillité et cette prospérité „commerciale qu'elle désire si ardemment recouvrer."

Plus loin il continue:

„Les difficultés déloyales qu'on oppose à Louis Napoléon „devraient en toutes circonstances lui donner droit à la „sympathie de tous les cœurs généreux; mais quand on „considère *que dans la Prospérité et la Paix de la France* sont „engagées les destinées de l'Europe, il me semble que „l'Univers entier est intéressé à faire au moins des vœux „pour lui."

Si on pense que la rente Française monta de 90 à 104, on peut admettre que l'opinion générale était favorable à Louis Napoléon et que tous ne jugeaient pas le coup d'État aussi sévèrement qu'on a bien voulu le dire.

Il n'est pas probable que l'Empereur ait connu le véritable État des choses; il n'aurait jamais risqué cette guerre, lui qui ne pensait qu'à sa dynastie, et si on peut lui imputer une faute très-grave, c'est que la France ne venait qu'après elle.

Rarement on a vu un revers de fortune pareil, et une haine implacable s'attacher en ce moment au nom de celui qu'on aurait cru l'idole de la nation il y a quelques mois, en prenant pour base les suffrages qui l'acclamèrent.

Je fais suivre quelques articles de journaux sérieux qui peuvent en donner une idée — et qui reflètent l'opinion générale; ce sont le *Journal des Débats*, *Le Temps* et *l'Indépendance.*

D'après ces correspondances, on doit admettre que l'opinion générale serait très-défavorable à toute restauration de l'Empire; mais avec la versatilité connue du caractère français, tout est possible.

Dans une correspondance de Tours, *l'Indépendance* reproduit ce qui suit:

„Après nous, coupables d'impéritie comme Napoléon III, il y a tous les hommes qui ont tripoté dans l'entourage impérial et qui sont aussi coupables de haute trahison; c'est contre ces gens là que toute la haine et la malédiction devraient tomber. Ces gens là savaient, et pour s'enrichir ils n'ont pas craint de plonger la France dans le profond abîme où elle est tombée; ils laissaient faire au souverain dont les facultés toujours surfaites avaient encore singulièrement baissé depuis quelques années etc. etc. etc. Le correspondant continue:

„Ils n'ont pensé qu'à une chose, flatter le maître, empêcher par tous les moyens la vérité de lui parvenir, étouffer les voix sincères qui pouvaient la lui dire à ses oreilles pour s'enrichir bien vite et enfouir leurs richesses à l'étranger et tenir leurs berlines prêtes et leurs passeports."

La France a été vendue par ces gens là.

On lit encore dans le *Journal des Débats:*

„Nous disions hier, avec une profonde amertume, que la France ne devait pas se dissimuler que pendant vingt ans elle avait été représentée par l'empire, et que ceux même qui l'avaient subi, qui en avaient souffert, qui en avaient rougi, ne pouvaient pas en secouer la solidarité. En vérité, nous ne savions pas qu'à l'heure où nous parlions, un „auguste témoignage" se chargeait de confirmer nos paroles.

„Que tous les Français lisent le rapport adressé par M. de Bismarck au roi de Prusse sur son entrevue avec l'homme qui fut l'Empereur acclamé de 10 millions d'entre eux. Ils y verront que leur Empereur est innocent et irresponsable de tous les désastres qui les accablent, et nous avec eux.

„Ils y verront que, selon le rapport officiel du ministre prussien, „l'empereur a déploré le malheur de cette guerre et affirme que, quant à lui, il n'avait pas désiré la guerre, mais qu'il y avait été forcé par la pression de l'opinion publique de la France."

„Ces mots tiendront leur place dans l'histoire et ils provoquent irrésistiblement des réminiscences classiques. *Adsum qui feci, in me convertite ferrum.* C'est ce qu'on dit quand on veut mourir pour sauver les autres, surtout pour sauver ceux qu'on a trahis et perdus. Mais voilà un souverain dans les mains duquel une nation effarée a remis aveuglément une puissance sans bornes, et qui vient dire à l'ennemi aux pieds duquel il a remis son épée: „Ce n'est pas moi, c'est la France." Et voilà l'élu répété de 8 ou 10 millions de votes populaires! Voilà dans quelles mains nous étions!

„Nous n'aimons pas les injures. Si la chute avait été honorable, nous l'aurions respectée. Mais que celui qui nous a plongés par un criminel caprice et un monstrueux égoïsme dans l'abîme où nous nous débattons, vienne nous en rendre responsables et en rejeter sur nous, non-seulement le châtiment, mais la faute, c'est la plus terrible expiation que Némésis puisse infliger à notre trop longue patience et à notre coupable complicité.

„Nous ne dirons rien de plus. Que la France lise et
qu'elle juge. Mais si jamais on venait à nous parler du
retour de pareilles cendres, nous sommes sans inquiétude."

Les lignes suivantes, extraites du *Temps*, — journal
dont le calme et la modération sont connus de tout le
monde, — permettent de se faire une idée du genre
de succès obtenu à Paris par les projets de restauration
bonapartiste, dont nous avons entretenu nos lecteurs:

„De plusieurs côtés déjà il nous était revenu qu'une
intrigue bonapartiste, appuyée par M. de Bismarck, et
favorisée par l'incroyable apathie du ministère anglais,
s'organisait à Londres en vue de rétablir, au profit d'un
enfant gouverné par une femme étrangère, ce régime
fatal qui, trois fois en un demi-siècle, a amené l'étranger
dans notre pays. Bien que les personnes qui nous don-
naient ce renseignement fussent ordinairement bien infor-
mées, nous avions hésité à entretenir le public de ce qui
nous paraissait n'être qu'un rêve insensé. Mais un journal
sérieux, le *Journal de Paris*, ayant cru devoir faire à ces
prétentions cyniques, l'honneur de les discuter, nous sur-
montons le dégoût que nous inspire tout ce qui a trait au
régime déchu pour nous en occuper une fois encore. Il est
possible d'ailleurs que les espérances bonapartistes aient
trouvé un encouragement dans la répugnance même que
les organes les plus importants de la presse éprouvaient
à se livrer à des attaques rétrospectives. Pour notre part,
nous nous jugions dispensé de poursuivre l'empire de
nos attaques après qu'il était tombé. Mais il ne faudrait
pas que cette réserve, que le bon goût a imposée à nos
confrères comme à nous, et qui a été comprise par l'opinion publique, pût être regardée à l'étranger comme l'indice
d'une réconciliation possible entre le bonapartisme et la

nation qu'il a exploitée pendant vingt ans et qu'il a fini par conduire aux abîmes.

„ Le paysan le moins éclairé sait aujourd'hui en France que l'homme pour lequel il a autrefois voté, a engagé le pays dans une guerre formidable sans qu'il y fût préparé. Le paysan le moins éclairé se dit que, si mal servi que fût l'Empereur, il ne pouvait ignorer ni l'effectif de l'armée française révélé par les chiffres du plébiscite, ni l'effectif de l'armée prussienne connu depuis 1866. Les paysans ne peuvent ignorer non plus qu'au début de la guerre, ce sont les hommes investis de la confiance de l'Empereur, les mêmes qui intriguent aujourd'hui en faveur de sa dynastie, qui ont empêché, par tous les moyens, l'organisation de l'armement national réclamé par les députés indépendants. Et ce sont eux encore qui, jusqu'au dernier jour, ont mis obstacle sur obstacle à la distribution des armes et à l'organisation de la résistance. Les paysans savent tout cela; mais, alors même que quelques-uns d'entre eux pousseraient l'aveuglement jusqu'à rejeter sur d'autres la responsabilité qui doit retomber sur un seul homme, sur celui qui a prétendu tout faire, est-ce que bientôt, les premières, les plus apparentes victimes de tant d'incapacité et d'ineptie, est-ce que nos malheureux soldats de Wœrth, de Forbach, de Metz, de Sedan ne rentreront pas dans leurs foyers et ne feront pas partout entendre contre le chef imbécile qui a paralysé leur valeur, et contre ses favoris, l'effrayant concert de leurs malédictions? Et c'est là, pour le dire en passant, ce qui fait que l'idée d'une restauration impérialiste est plus absurde encore qu'elle n'est odieuse. L'empire, en effet, ne se conçoit qu'avec l'appui et l'adhésion plus ou moins enthousiaste de l'armée. Or, nous l'affirmons sans hésiter, ceux qui survivront de nos soldats et de nos officiers, croiraient voir se dresser contre eux la mémoire de leurs camarades tombés sous la mitraille ennemie, si jamais ils acclamaient l'homme qui les a envoyés à la mort, avec une légèreté féroce, et qui les a condamnés, eux, à la plus grande humiliation qu'ait jamais subie une armée française.

„ Ce n'est donc pas en France qu'une restauration bonapartiste pourrait trouver des appuis, et nous pensons que cette triste famille, aussi bien que le groupe de personnages qu'elle a eus pour complices, n'occuperont plus le public français, si ce n'est à raison des faits dont la cour d'assises pourrait avoir à connaître et qu'il est du devoir du gouvernement provisoire de lui renvoyer sans délai."

La première question que je me propose d'examiner, c'est l'origine de la guerre déclarée d'une manière aussi légère par la France, et des différentes causes qui ont amené cette catastrophe épouvantable.

Pour se rendre compte de la situation entière, il faudra remonter quelques années en arrière, vu que c'est cette première faute politique qui a engendré toutes les autres, comme une conséquence fatale.

Quand la Prusse et l'Autriche et toute l'Allemagne se réunirent pour écraser un petit peuple courageux, le Danemark, la France aurait pu prévenir cet acte de spoliation en s'alliant à l'Angleterre.

Elle ne le fit pas, se méfiant de l'Angleterre; elle se borna à demander au gouvernement anglais d'envoyer sa flotte et qu'elle suivrait alors. Ce qui fut refusé.

La Prusse eut une excellente occasion d'apprécier de très-près la force militaire de l'Autriche et de s'en rendre un compte exact. Je n'ai pas besoin de faire remarquer que la Prusse profita bien de l'occasion.

Je vais rappeler un épisode de cette guerre pour prouver combien que ce que je dis était vrai. Lord N. N. alors

Ministre, envoya à Vienne une note dans laquelle il fit connaître au gouvernement Autrichien la supériorité de l'armement Prussien. On répondit que le fusil n'y faisait rien, mais que c'était la baïonnette qui décidait, et l'on croyait ainsi avoir raison de la Prusse à l'occasion. On a vu en 1866 comment l'Autriche s'est trompée.

C'est probablement à cette occasion que le comte de Bismarck forma le plan de donner à la Prusse cette prépondérance dans les affaires de l'Allemagne. Pour y parvenir, il fallait jeter l'Autriche hors de l'Allemagne. Le tout était de saisir l'occasion de mettre à exécution ce projet hardi déjà depuis longtemps combiné.

L'Allemagne était divisée en plusieurs petits royaumes, duchés, principautés etc. etc. formant la Confédération Germanique. L'Autriche et la Prusse prétendant toutes deux être la maîtresse des destinées de l'Allemagne.

L'Autriche en 1865 voulut réunir tous les Princes Allemands à Francfort pour changer le Pacte Fédéral. La Prusse refusa d'y assister. Si alors l'Empereur d'Autriche, mettant de côté les vieilles traditions avait créé un Parlement Allemand, il aurait été Empereur d'Allemagne. L'Autriche laissa passer ce moment propice, et c'est la Prusse qui en profita plus tard.

De tous les États de l'Allemagne, la Prusse était le seul qui eût fait des progrès énormes. Son administration, ses finances, son armée, tout s'était développé d'une manière fabuleuse. C'est grâce à l'instruction obligatoire que la Prusse se développa si fortement en quelques années. L'impulsion était donnée d'en haut et la masse suivait l'exemple.

Il en était bien autrement de tous ces petits États, qui avaient conservé les souvenirs de l'ancien régime Féodal.

Il n'y a donc guère à s'étonner de cette prépondérance de la Prusse en Allemagne, non-seulement comme force numérique, mais surtout comme force morale.

Y a-t-il quelque chose d'étonnant qu'un homme comme le comte de Bismarck (qui n'aura pas été le dernier à s'en apercevoir) trouvât que le premier rôle en Allemagne appartenait, non à l'Autriche, mais à la Prusse et qu'avec sa perspicacité connue, il prévît le moment où il jetterait l'Autriche hors de l'Allemagne pour donner à la Prusse seule la haute main dans les affaires allemandes. Sa première pensée fut donc de neutraliser la France dans un conflit avec l'Autriche, car il est presque sûr qu'une guerre avec l'Autriche était décidée dès sa première visite à l'Empereur Napoléon III à Biaritz.

Comme je n'ai pas été témoin de cet entretien, il serait ridicule de certifier ce qui fut convenu *verbalement* entre ces deux hommes d'Etat. Ce que j'ai cru comprendre en interrogeant des personnes assez au courant des affaires, c'est que la vallée de la Sarre aurait été promise, et pour ne pas même donner l'idée d'une cession de la part de l'Allemagne, on l'aurait achetée à des conditions tellement avantageuses que l'idée d'achat ne faisait que couvrir une véritable cession.

Mais rassuré d'un côté, l'Empereur voulut plus tard s'assurer également de l'Autriche. On était tellement sûr en France à cette époque du succès de l'Autriche qu'on avait formé toutes sortes de combinaisons, entre autres l'Autriche prendrait la Silésie Prussienne et rendrait la Vénétie à l'Italie etc. etc. etc. Nous avons vu comment ces combinaisons ont manqué.

La guerre éclata entre la Prusse et l'Autriche. La Prusse s'y étant préparée de longue main, connaissant parfaitement la situation de tous les États Confédérés de l'Allemagne, s'empara de ces petits Royaumes et Duchés les uns après les autres; et comme ce qui est bon à avoir est bon à garder, s'annexa tout bonnement Royaumes et Duchés et ne rendit rien; j'oubliais, c'est vrai, le Royaume de Saxe, mais à quelles conditions!

L'Autriche ayant été battue à Sadowa, céda la Vénétie à la France. C'était le moment ou jamais pour la France d'intervenir dans les affaires Allemandes. On calcula les chances, on remarqua alors, mais un peu tard, qu'on n'était pas assez fort.

Paris illumina, les journaux du Gouvernement proclamèrent la grandeur *morale* de la France, on arbora des drapeaux pendant plusieurs jours. Seulement on n'aidait pas l'Autriche qui était à l'agonie.

M. de Bismarck profita de l'occasion et voulut bien à certaines conditions pardonner à la Bavière et aux autres États du Sud de l'Allemagne de s'être alliés avec l'Autriche. La France fut jouée, et l'Allemagne devenait une force dépendante de la Prusse.

L'opinion de l'Empereur Napoléon était d'occuper toujours la France; tous les moyens étaient bons, et c'est cette idée dominante de son règne pour sauver la dynastie, qui l'a perdu.

Quand après la conclusion de la paix avec l'Autriche, l'Empereur voulut régler les comptes avec M. de Bismarck, celui-ci connaissant sa force et l'état d'impuissance où était la France de lui résister, répondit par un *non Possumus*. Il serait perdu dans l'opinion Allemande s'il cédait un pouce de terrain Allemand; on protesta, on cria à la trahison, mais voilà tout. C'est probablement à cette époque que le comte Benedetti projeta son fameux traité et fit si bon marché de la Belgique et de la Hollande (ce dernier pays n'était pas nommé officiellement); d'autres prétendent que le contrat Benedetti aurait été fait après l'affaire du Luxembourg; pour ma part, j'en doute.

Il se présenta une autre occasion pour M. de Bismarck de prouver à la France qu'il ne la craignait guère. Après le premier échec et vu le mauvais effet qu'avait produit en France le premier refus de M. de Bismarck, on chercha un autre moyen pour éblouir les Français.

Cette lumineuse idée, c'est M. Benedetti et M. Lavalette qui la combinèrent. Ceci m'a été assuré en France à cette époque. Ces deux Messieurs voyaient avec une jalousie croissante la faveur dont jouissait alors M. Rouher.

Un coup d'éclat suffirait pour éclipser à leur tour ce nouveau favori. Ils combinèrent l'affaire du Luxembourg. Des personnes de confiance furent envoyées à la Haye pour traiter l'affaire avec S. M. Guillaume III, le Grand-Duc régnant.

La négociation fut favorable d'abord. On en fit part à l'Empereur qui fut enchanté et approuva la cession du Luxembourg contre une somme d'argent. Cette somme était évaluée à 10 millions de francs. On a indignement calomnié dans les journaux Allemands cette cession. Il est positif, et on pourrait au besoin le prouver, qu'il n'en serait pas resté un sou au Roi de Hollande s'il avait, en cédant ce Grand-Duché à la France, réglé toutes les conditions onéreuses qui étaient à sa charge.

Tout ce que je dis ici a été positivement affirmé. On sait le bruit qui se fit au tour de cette affaire. On crut un moment à la guerre; le Roi retira sa parole, qu'il avait donnée conditionnellement; un Congrès eut lieu; le Luxembourg fut mis sous le Protectorat de Neutralité des grandes puissances, mais l'Empereur en fut encore pour ses peines.

Un officier Prussien avec qui je me trouvais dans un Bain en Allemagne, m'a certifié qu'on était tellement décidé à la guerre alors, qu'étant en congé il avait reçu l'ordre de rejoindre immédiatement *son régiment.*

Je crois que la Hollande s'en tira assez bien, car la Prusse avait rassemblé un corps d'armée pour se concentrer près de Wesel avec l'intention bien arrêtée de tomber sur la Hollande si le Roi avait consenti. C'était une grande injustice, car la Hollande n'avait rien à démêler dans les affaires du Luxembourg; mais le prétexte était plausible et avec le goût des annexions, la Hollande était un beau morceau. C'est de ce temps que date l'idée en Hollande des projets annexionnistes de la Prusse. Si un jour, quoiqu'on proteste en Allemagne contre cette idée, le goût venait à M. de Bismarck, on défendrait sa nationalité ici, et l'idée du premier stadhouder de percer les digues et de détruire tout plutôt que de céder à des envahisseurs, pourrait bien être mise en pratique. Mais comme je le dis, il n'y a rien qui prouve qu'une telle éventualité soit à craindre pour le moment. Il est à croire que ce nouvel échec pour la France augmenta la haine contre la Prusse, et quand en dernier lieu la question des chemins de fer en Belgique et en Hollande n'aboutit pas, la faute en fut encore rejetée sur la Prusse, quoiqu'il fût assez prouvé que c'est l'Angleterre qui s'y opposait le plus fortement.

Il faut en finir! Voilà l'idée qu'on ne cessa de suggérer à l'Empereur; on perfectionna les armes; jour et nuit on confectionna des Chassepots et des mitrailleuses, on travailla pendant plusieurs années à la construction des outils de destruction et quand on *se crut prêt, on guetta le moment*. L'acceptation de la couronne d'Espagne par un Hohenzollern fut saisie avec avidité.

J'ai tracé en peu de lignes les raisons générales qui déterminèrent l'Empereur à faire la guerre; il avait d'autres raisons personnelles, l'intérêt de la dynastie, la crainte de la famille d'Orléans, l'esprit libéral qui commençait à souffler sur la France et peut-être d'autres encore qui nous sont inconnues.

J'ai dit, et je ne crois pas me tromper en affirmant que chez l'Empereur l'intérêt dynastique primait l'intérêt

Français. La France commençait avec raison à se fatiguer de ce pouvoir absolu qui l'avait entraînée dans plusieurs aventures. Il n'y a plus qu'une faute à commettre, disait M. Thiers; malheureusement cette dernière faute, la plus grande de toutes, fut commise. Comme je disais plus haut, on était fatigué du Régime absolu, on voulait donner des pouvoirs plus grands à la Chambre — Rouher tomba et fut remplacé par un Cabinet Ollivier—Daru. Chacun espérait une ère nouvelle de liberté, et certes si M. Ollivier avait mieux compris sa tâche, s'il ne s'était jamais séparé de M. Daru et avait défendu les libertés comme il avait promis de le faire, s'il n'avait pas été un ministre complaisant comme il l'a été, mettant la faveur Impériale au-dessus de ses devoirs, la France n'aurait pas eu à déplorer les malheurs qui l'accablent à présent.

M. Daru et ses collègues furent sacrifiés et le Duc de Grammont le remplaça. C'est ce dernier qui profita de l'incident Hohenzollern pour mettre le feu aux poudres. Avec un *cœur léger* il prononça le fameux discours qui rendit tout arrangement impossible et assuma devant l'Europe et la France la responsabilité de cette guerre qui fait le malheur de la France.

Tout le monde connaît les désastres consécutifs de l'armée Française. Avec des soldats d'un courage éprouvé, reconnu par toute l'Europe, recherchons les causes de ces infortunes qui étonnent le monde et dont on chercherait vainement un autre exemple dans l'histoire.

Pour mieux juger les faits, il ne sera pas inutile non plus de jeter un coup d'œil en arrière, de tracer en quelques lignes l'état de la France depuis 1852 après le coup d'État et de montrer ce que ce système a eu de vicieux depuis les dernières années.

Comme je l'ai montré au commencement de cet écrit, l'opinion sur le coup d'État et sur Louis Napoléon était très-partagée. On a pu voir que les hommes les plus éminents ne le condamnèrent pas du tout.

La France était alors en combustion, le socialisme relevait la tête, il fallait une main énergique pour éteindre ce feu qui couvait. Personne à cette époque ne réunissait autant de moyens que Louis Napoléon; ni Changarnier, ni Cavaignac n'avaient ce prestige du nom; ils n'en avaient peut-être non plus la capacité ni la force.

Quant à la question de savoir:

Si on doit condamner Louis Napoléon d'avoir manqué à sa parole, et d'avoir usé de rigueur envers les républicains, certes il y a beaucoup à dire sur la moralité des moyens; mais une fois engagé dans cette voie et croyant que c'était nécessaire, il devait agir ainsi pour écarter la guerre civile, qui aurait été une conséquence naturelle du fait même, si on n'avait écarté les personnes qui n'étaient pas de son parti.

On ne peut nier que les premières années du règne de l'Empereur Napoléon III n'aient été un succès, et qu'elles confirmèrent les paroles de Lord Palmerston *que la France reprenait son rang en Europe.*

Mais de même que le monopole est un système impossible à la longue, qu'il peut tout au plus servir à encourager l'industrie et à la relever pour un certain temps, il était également impossible que ce système absolu, qui dominait la France, pût tenir avec le temps. Les hommes capables qui se groupèrent autour du trône de Napoléon III, disparurent par la mort, et on en eut bientôt la preuve par cette politique d'aventures dans laquelle la France fut jetée et qui finit par lasser le public à tel point que l'Empereur comprit qu'un changement de système était nécessaire. Au lieu de l'établir franchement et de rendre une plus grande liberté à la France, on remarqua bien vite que ces promesses étaient faites pour

2

leurrer la nation et qu'il n'y avait rien de sérieux dans tout ce qu'on promettait. A cette époque, Napoléon III, regrettant le pouvoir qui lui échappait, aurait dû penser à sa dynastie, et s'il lui répugnait d'inaugurer lui-même ce règne de la liberté, il devait abdiquer et entourer son fils d'hommes capables de relever cet état de marasme politique dans lequel on était tombé; il était à prévoir qu'on l'aurait secondé dans son œuvre, car ce qu'on voulait c'était la Paix, et ce n'est que par des expédients, par des mensonges de journaux, par la presse officielle qu'on a excité les passions du peuple pendant quelque temps pour faire croire que la France voulait la guerre.

Une des plaies du règne de Napoléon III a été le système financier qu'on avait *inauguré*. On créa des Établissements financiers en masse. Le Comptoir d'Escompte a été créé en 1848 et est considéré avec raison comme un établissement sérieux, ainsi que le Crédit Foncier; mais je veux parler de ces banques d'agiotage, comme le Crédit Mobilier et d'autres.

Pour donner un exemple de la hausse et de la baisse de ces fonds (qu'on patronna sous le nom de placement de fonds pour des pères de famille), au début on les poussa à 1800 fr. pour les faire tomber en 1854 à 430 fr., pour les relever en 1856 à 1980 fr. et les voir un an ou deux après à 500 fr. (Ils sont actuellement à ± 100 fr.).

C'est avec des dividendes fictifs qu'on trompait le public, et ce sont les frères Perreire et les amis dévoués qui, derrière les coulisses, jouaient ainsi à coup sûr sur la fortune publique. Vint M. Mirès avec sa caisse des chemins de fer, la Société immobilière, en un mot un tripotage sans nom et qui finit par engloutir dans sa ruine tous les pauvres diables qui s'étaient laissé prendre à ce mirage fabuleux de faux dividendes.

Y a-t-il rien d'étonnant que ces catastrophes frappant jusqu'à de pauvres ouvriers, provoquèrent un mécontentement général? combien d'épargnes de plusieurs années n'ont pas été dissipées par ce tripotage? On sait comment cela a fini; il n'y a qu'à lire les procès qui s'en sont suivis et voir de quelle manière on traitait publiquement les frères Perreire.

On prétendait que MM. Perreire avaient une fortune de 60 millions, ce que je crois exagéré.

J'ai dit que le système étant vicieux les moyens pour le soutenir devaient naturellement être en rapport avec celui-ci.

Les moyens dont se servait le plus souvent le Gouvernement, c'était la presse; il avait ses journaux payés et d'autres plus ou moins complaisants, qui pendant plusieurs années infiltrèrent dans le public le venin et le mensonge. C'est surtout depuis 1866 que le Gouvernement s'en est servi pour monter le pays contre la Prusse. Le Figaro, grand et petit, et la Liberté embouchèrent la trompette. Le premier osa même décorer le Duc de Grammont du nom de superbe après sa fameuse déclaration dans la chambre.

Le second criait sur tous les tons: à Berlin, à Berlin, et voulait faire croire à cette pauvre France qu'on dédaignait même de se servir du canon pour chasser les Prussiens, qu'il ne fallait que la crosse du fusil; et dire qu'il n'y avait pas mal de gens sensés qui étaient de cet avis [1].

C'est à de tels mensonges qu'avait recours le Gouvernement pour duper le public et lui faire croire ce qu'il voulait. Une des raisons principales selon moi de la décadence de la France dans ces dernières années, *c'est le*

---

[1] M. de Girardin de la Liberté a quitté Paris, se trouvant une *bouche inutile*, ce que lui reproche le Siècle.

défaut d'instruction. La France qui se croit la nation civilisée par excellence, ferait bien de prendre un exemple sur ce pays barbare, la Prusse.

Il n'y a pas un pays où l'instruction soit mieux organisée qu'en Prusse, et si en France on trouve pour le moins un tiers de la population qui ne sait lire ni écrire, en Prusse il est rare de trouver un enfant de 7 ans qui ne sache lire, écrire et compter. La conséquence est facile à en tirer. C'est que la masse du peuple doit être plus civilisée qu'en France. On voit donc le peu de cas qu'on faisait de l'instruction publique en France, tandis que les armements et le luxe étaient représentés par des sommes fabuleuses.

Une autre cause de la guerre a été probablement que le Gouvernement était très-mal servi par sa diplomatie. Il est impossible de croire que, si la diplomatie française avait prouvé au Gouvernement que sans alliés la partie était impossible, on eût entrepris la guerre.

En faisant le relevé de tous les États de l'Allemagne, on savait exactement le nombre de soldats qu'on pourrait lever, et le résultat prouvait évidemment que les Français allaient se trouver un contre trois.

Pour connaître l'esprit du peuple, ce n'était pas bien difficile non plus; mais il fallait comprendre la langue du pays. Bon nombre de diplomates français, même dans le pays, ignoraient la langue allemande, et ne pouvaient par conséquent se mêler aux gens du peuple pour connaître leurs sentiments, ni dans une société pour entendre les opinions différentes et *éclairer leur* Gouvernement sur ce qu'ils entendaient eux-mêmes; et peut-on exiger moins d'un diplomate que de parler et d'écrire deux langues modernes? Le Gouvernement dans cette question a commis une grande faute, c'est de se fier aux faux rapports *des mécontents*.

Paris avait reçu, espérant en profiter, les mécontents de l'Allemagne, notamment du Hanovre et de la Saxe. Ceux-ci étaient en rapports directs avec des journalistes attachés au Gouvernement. Ce sont ces gens qu'on envoyait en Allemagne pour y puiser des renseignements plutôt que de s'en rapporter aux diplomates accrédités et sur lesquels on devait pouvoir compter. Ces personnes ayant tout à y gagner, ne manquèrent pas de faire accroire que tout était pour le mieux ; et probablement ils étaient de très-bonne foi, mais on les trompait à leur tour.

Si cela n'avait pas été le cas, *comment n'a t-on pas su positivement en Saxe, en Bavière, dans le Wurtemberg* que, du moment que la France attaquerait l'Allemagne, elle ferait son Unité et que tout le monde se lèverait comme un seul homme ?

Ne doit-on pas admettre que ni M. Ollivier ni M. de Grammont n'ont pas connu le véritable état des choses ? Peut-on croire qu'avec une armée de 300,000 hommes ils auraient tenté le coup, sans alliés ? Comment sans cela supposer que l'Empereur aurait joué son tout avec de si faibles atouts en main ? Est-ce incapacité ? Est-ce légèreté ? Est-ce trahison ? L'histoire nous l'apprendra un jour.

Après avoir examiné les causes de la guerre, essayons de rechercher la cause directe des désastres inouïs qui ont affligé la France.

1º. La France n'était pas prête. 2º. Les chefs n'étaient nullement à la hauteur de leur mission. L'armée française, surtout l'artillerie, était inférieure à celle de la Prusse.

Il est évident que, connaissant le nombre des soldats Allemands armés du fusil Dreyse, on devait au moins avoir les chances égales et pouvoir armer 1,200,000 hommes avec des Chassepots. Comment se fait-il que le ministre Lebœuf déclarant qu'il n'y manquait rien, il n'y eût que ± 4 à 500,000 Chassepots, juste le nombre pour l'armée?

Comment se fait-il que les cadres n'étaient pas complets, qu'il n'y avait pas de réserve? Croyait-on pouvoir lutter avec ces 400,000 hommes contre toute l'Allemagne? Je fais suivre ici un article du *Daily-News*. Mais je commencerai par dire que les faits mentionnés sont tellement incroyables qu'on devrait supposer toute la hiérarchie militaire-administrative capable de ces monstruosités, sans qu'il y en eût un seul pour les dévoiler. Ceci est inadmissible, et je crois plutôt que c'était légèreté et fanfaronnade et qu'on a voulu faire croire au public qu'on était prêt, bien assuré qu'on ferait bon marché du Prussien.

Voici comme s'exprime le journal anglais:

„Pendant ces dernières années, la liste civile de l'Empereur n'avait pas suffi aux dépenses extravagantes de sa cour, à ses largesses envers ses créatures et aux frais du service secret qu'il était obligé d'entretenir, afin de conserver l'amour de ses sujets pour l'impérialisme. Environ 50 millions de francs étaient donc annuellement enlevés au ministère de la guerre pour être remis à l'Empereur.

„Ce détournement était dissimulé par des achats d'approvisionnements qui figuraient dans les comptes sans avoir jamais été opérés et par l'absorption des fonds qui étaient versés dans la caisse militaire par les jeunes gens tombés dans la conscription et qui devaient servir à leur procurer des remplaçants.

„Les régiments qui nominalement figuraient pour 2,000 hommes, n'en contenaient que 1,500. Le prix des remplaçants et les frais supposés de leur entretien étaient détournés pour la liste civile.

„Lorsque l'Empereur fut obligé, il y a quelques mois,

de céder au cri qui réclamait le gouvernement parlementaire, il savait que la législature à venir compterait des constitutionnels en si grand nombre que, même en présence d'une majorité impérialiste, le scandale des fraudes viendrait au jour. Donc, il ne lui restait qu'une chance à tenter: la guerre.

„Une campagne heureuse pouvait mettre de côté le gouvernement parlementaire; ou si cela n'était pas possible, le déficit en hommes et en matériel pourrait être mis sur le compte de la guerre.

„Le maréchal Lebœuf espérait que, même avec des forces bornées, une seule victoire gagnée amènerait une paix glorieuse.

„Il était, avec les adhérents personnels de l'Empereur, dans le secret, mais ils étaient tous également compromis, et ils sentaient bien qu'ils devaient couler à fond ou nager avec le maître; car pour eux comme pour lui, la seule chance d'impunité était dans cette seule victoire.

„Que le chef pille, les subordonnés pillent à l'envi.

„L'Empereur et son ministre de la guerre ont vu qu'ils ne pouvaient compter sur les hommes et les ressources qu'ils croyaient posséder.

„Il se trouva que les vivres et les munitions manquaient pour opérer le mouvement de passage de la frontière; de là le retard de l'attaque et les désastres qui ont suivi.

„Je vous livre ce récit tel que je le tiens de personnes en position de savoir ce qui s'est passé „derrière le rideau."

„Ce qui le confirme dans ma pensée, c'est que beaucoup d'adhérents personnels qui ont occupé des postes officiels et ne possédaient aucune fortune privée avant l'empire, dépensaient notoirement le double de leurs appointements, et sont aujourd'hui propriétaires d'hôtels, de domaines et autres sources de revenus."

A cet article je pourrais ajouter le fait suivant: deux Anglais que je rencontrai dernièrement en voyage, prétendaient que sur un certain nombre de fusils portés en note, la moitié seulement aurait été livrée et que les quittances répondaient parfaitement à la réception. Ils ne se doutaient pas que je les comprisse, et à mon arrivée en Hollande, j'ai tâché de les suivre pour savoir si j'avais affaire à des fabricants d'armes. Malheureusement je les perdis de vue à Rotterdam. Ce fait me paraît également inadmissible. Dans une commande pareille, il y a trop de personnes engagées pour que la fraude ne soit pas découverte tout de suite, et on ne peut pas croire qu'une administration entière se fût compromise à tel point.

Si donc je dis que la France n'était pas prête, je ne crois pas rester au-dessous de la vérité en affirmant qu'elle n'avait pas d'armes en proportion de la force dont elle devait pouvoir disposer. Les approvisionnements étaient insuffisants, l'intendance était mal organisée.

Je répète, comment a-t-on pu avec une légèreté inouïe commencer une guerre pareille, étant persuadé d'avance qu'on ne pourrait opposer un nombre égal de soldats avec des armes égales?

On avait cru avoir affaire aux soldats prussiens du temps de Napoléon I; mais la guerre du Danemark et la guerre contre l'Autriche auraient dû éclairer le gouvernement Français, et il aurait vu que l'armée prussienne avait profité du temps pour réparer les fautes sous le premier Empire. Un des généraux les plus capables, le général Bⁿ de Müffling, donne sur l'état de désorganisation de l'armée prussienne des détails tellement précis qu'ils expliquent comment la Prusse alors se trouva à la merci de l'Empereur Napoléon I.

Le général B^n de Müffling était alors attaché à l'état-major du général Scharnhorst, le plus capable des généraux prussiens de cette époque. Blucher ne fit qu'exécuter ses plans; c'était le Molkke actuel.

Le parti de la guerre à Berlin, infatué alors des traditions de Fréderic le Grand, croyait qu'elles suffisaient seules pour battre les vainqueurs des armées d'Autriche et de Russie.

Il ne tenait aucun compte du misérable état dans lequel on avait laissé tomber les forces militaires de la monarchie prussienne.

Le colonel Hopfner a également donné sur l'état des troupes prussiennes de ce temps des récits très-curieux. Il dit entre autres que les soldats se présentèrent devant l'ennemi avec un équipement honteux, avec des officiers qui avaient deux fois l'âge de leurs adversaires, et que cette armée composée de troupes ignorant la stratégie et sans habitude des évolutions, ne pouvait lutter contre les masses si bien exercées de l'Empereur Napoléon.

Tandis que la marche des Prussiens était encombrée de bagages à l'usage des officiers, de charrettes de volaille et même de pianos, les soldats, au début d'une campagne qui s'ouvrait en automne, n'avaient pas de capotes; des régiments entiers étaient armés de fusils si usés qu'il était défendu de s'en servir à balle.

Le général B^n de Müffling fit un jour remarquer au général Ruchel, sous les ordres duquel il était placé, la différence entre les officiers Français portant tout leur bagage, tandis qu'à chaque bataillon prussien il y avait 50 chevaux pour le service des officiers.

„Mon cher ami, lui répondit celui-ci," un gentilhomme prussien ne va pas à pied."

Il paraît que les vices dans l'organisation matérielle de l'armée n'étaient rien en comparaison de la confusion qui régnait entre les chefs.

Pour apprécier ce que peut valoir le soldat prussien, on peut en avoir une idée dans l'ouvrage du Colonel Hopfner, là où il décrit la fin de la guerre, après la bataille d'Iéna, à la capitulation de l'armée prussienne sur les bords de l'Oder.

Depuis cette époque l'armée prussienne a fait des progrès immenses; des écoles spéciales ont été créées, l'officier a une éducation militaire des plus soignées, le soldat y est exercé constamment, l'emploi du fusil lui devient familier, on ne fait pas une économie de poudre, afin de bien apprendre à viser; toutes les branches de l'instruction militaire sont suivies avec une intelligence rare, toutes les nouvelles inventions y sont examinées avec soin.

L'artillerie surtout a été dans ces derniers temps l'objet d'une attention toute spéciale, et en traçant ici une lettre d'un officier français supérieur de l'artillerie, publiée dans un journal Belge du 17 Septembre, nous voyons que la cause du désastre est attribuée au peu de progrès que l'armée française avait fait et notamment *l'Artillerie*.

„ Il est hors de doute qu'une des principales causes de nos revers, c'est l'infériorité de notre artillerie comparée à celle des Allemands. L'infanterie groupée sans méthode en arrière des batteries était promptement atteinte par les projectiles ennemis dont la chute et l'éclatement produisaient une grande émotion parmi les soldats: une troupe déployée et qui combat, peut subir sans reculer des pertes considérables; les soldats s'animent au feu et tiennent bravement quand ils peuvent répondre aux coups de l'ennemi; mais il est impossible de maintenir sous une grèle d'obus une troupe entassée comme un troupeau de moutons, qui ne peut tirer un coup de fusil, et sent qu'elle est exposée inutilement. Un grand nombre d'hommes affolés se débandent, et au milieu de ce désordre, nos généraux troublés et peu confiants en eux-mêmes n'avaient pas la présence d'esprit nécessaire pour ordonner des dispositions moins dangereuses et plus efficaces.

„ Si notre artillerie n'avait pas été totalement impuissante, les coups de l'artillerie ennemie eussent été moins sûrs et moins dangereux : nos généraux, malgré un premier moment de surprise, auraient retrouvé certainement un peu de cette initiative qui faisait naguère leur grand mérite ; ils auraient eu le moyen de déployer leurs troupes et de les faire combattre.

„ Tout le monde pense qu'il faut surtout blâmer l'inertie des chefs et la faiblesse des états-majors qui n'ont jamais su maintenir la discipline, recueillir des renseignements, éclairer les routes, ni garder un camp ; mais la bataille une fois engagée, eu égard à la supériorité de nos fusils et à la valeur naturelle de nos troupes qui se serait développée dans l'action, on pouvait tout sauver si notre artillerie, d'ailleurs nombreuse et servie avec un dévouement admirable pendant toute la campagne, avait pu lutter avec celle des ennemis.

„ Il importe maintenant de bien préciser les causes de cette infériorité, afin de voir si l'on ne peut y porter remède immédiatement.

„ On a dit surtout que l'artillerie prussienne avait plus de justesse et plus de portée que la nôtre : c'est vrai ; mais ces qualités lui donnent une supériorité insignifiante ; sur un champ de bataille, il ne s'agit pas d'atteindr un point déterminé, mais bien des groupes qui présentent un certain volume ; dans ces conditions nos pièces qui sont presque toutes neuves ont une justesse suffisante; elles sont disposées pour tirer à 3,500 mètres et peuvent atteindre même au-delà de 4,000 mètres, quand elles sont placées sur une position élevée. Or, si l'on excepte la grande batterie qui tirait du bois de la Marfée par-dessus la ville à la bataille de Sedan et qui dominait tout le champ de bataille, l'artillerie ennemie ne s'est pas engagée à des distances supérieures à 3 ou 4,000 mètres.

„ Mais ce qui fait l'impuissance de notre artillerie, c'est que nos projectiles ne peuvent éclater qu'à deux distances fixes, et que si l'ennemi ne se trouve pas juste à la distance indiquée, ils éclatent en l'air et ne produisent aucun effet. Ces distances ne sont même pas précises, car les qualités des fusées varient par suite des transports et des différentes influences qu'a subies le chargement: dans tous les cas, il est matériellement impossible d'atteindre l'ennemi au-delà de 3,000 mètres, puisque le dernier point d'éclatement est au-dessous de cette distance.

„ Au contraire, les projectiles prussiens, tous munis de fusées percutantes, éclatent au choc: le projectile frappe donc sûrement à la distance voulue, et, ce qui est un immense avantage, la fumée qui se produit lorsqu'il éclate sur le sol permet de régler promptement le tir.

„Sans doute beaucoup de projectiles prussiens n'éclatent pas, une moitié des éclats se perd dans le sol et en réalité ces éclats ne sont pas aussi dangereux qu'on le croit. Ce sont même des raisons de cette nature qui ont empêché jusqu'à ce jour l'artillerie française d'abandonner l'ancienne fusée; mais l'effet moral produit, sur la troupe par ceux qui éclatent, est considérable; d'ailleurs les obus font toujours au moins l'effet des boulets pleins et il reste encore cet avantage inappréciable que le tir se règle avec promptitude et facilité.

„Toute la question est là: ne pouvant avoir des fusées

assez bien réglées pour que le projectile éclate toujours à bonne hauteur, il faut avoir des projectiles qui éclatent au choc.

„Or, ce changement nécessaire peut se faire immédiatement: nous avons des fusées percutantes aussi bonnes que celles des Prussiens, et d'une construction facile: qu'on les adapte immédiatement aux projectiles de 4 et de 12 à la place de fusées fusantes; les projectiles munis d'appareils fusants devraient être comme les obus à balle en faible proportion pour les cas très-rares où l'on se trouverait à bonne portée.

„Il y a bien dans le chargement quelques fusées percutantes, et les instructions indiquent un moyen de changer les fusées sur le champ de bataille; mais tous les artilleurs diront que cette opération est impraticable.

„Encore une fois, l'immense supériorité de l'artillerie allemande tient au mode d'éclatement du projectile; les autres avantages sont accessoires. A ce propos, il est important de ne pas s'en rapporter aux impressions de témoins qui semblent compétents, mais qui ne sont pas familiarisés avec les propriétés de l'artillerie: ne connaissant que les effets, ils en apprécient mal les causes. Ainsi, on est convaincu dans le public et même dans l'armée que le chargement par la culasse donne au canon Krupp une rapidité de tir que le nôtre ne peut avoir; on raconte que le canon prussien tire six coups pendant que le nôtre en tire un; c'est une erreur, les nombres de coups tirés dans le même temps avec la plus grande rapidité possible par les deux canons sont dans le rapport de 11 à 12, ce qui fait une différence insignifiante. C'est encore là un avantage secondaire dont nous ne nous serions pas aperçus, si nos projectiles avaient éclaté convenablement.

„Il ne s'agit ici évidemment que de l'artillerie de campagne, car le chargement par la bouche est condamnable à tous les points de vue pour les pièces de place et de siége.

„On a même écrit que l'artillerie prussienne était mieux servie que la nôtre; c'est une grave injustice qui doit être relevée. Toute l'armée rend hommage au courage et au sang-froid de nos canonniers; officiers et soldats ont fait preuve d'un dévouement admirable, et quand la lumière sera faite sur cette campagne, on sera étonné des pertes subies par notre artillerie, et de la grandeur de ses sacrifices.

„Par quelle fatalité l'artillerie française a-t-elle conservé un mode d'éclatement si inefficace, tandis qu'il était si facile d'adopter un meilleur procédé? Il y aurait bien à dire à ce sujet, mais nous ne sommes pas à l'heure des récriminations. On a trop discuté et l'on ne s'est pas placé assez souvent, pour faire les expériences, dans les circonstances qui se présentent à la guerre. D'ailleurs on était peu disposé à changer un système qui avait, disait-on, produit en 1859 des résultats considérables. Sans doute on a cru bien faire, mais l'on s'est cruellement trompé.

„Quoi qu'il en soit, il est certain que l'on peut dès aujourd'hui apporter une grande amélioration à notre artillerie par un simple changement de fusées."

Si l'artillerie avait été négligée, le soldat français n'était pas suffisamment exercé au maniement de son arme nouvelle, son fusil Chassepot. Ce fusil supérieur au Zündnädel, bien manié aurait été pour lui d'un service immense; il n'a pas su en profiter faute d'exercice.

J'ai donc cherché à démontrer que l'armement n'était pas prêt, que si l'armée prussienne avait fait des progrès immenses, les Français étaient restés stationnaires et que le soldat prussien était bien mieux exercé au maniement de son fusil que le soldat français; il me reste à voir si les officiers sur qui retombait la responsabilité du commandement, étaient à la hauteur de leur mission.

Je ne suis pas juge compétent; ce n'est donc que par les faits qui se sont déroulés tout récemment que je dois me prononcer et je demande ici toute l'indulgence du lecteur.

Quand l'Empereur déclara la guerre, quel devait être selon moi (j'aurai probablement tort) le premier soin du Général en chef, sachant qu'il avait toute l'Allemagne contre lui.

1°. Profiter du temps qu'on avait sur la Prusse pour empêcher son armée de se compléter, tomber en Allemagne dans le Palatinat Bavarois et le Duché de Bade, marcher sur Mayence et Manheim, et séparer le Nord du Sud de l'Allemagne, forcer les armées du Sud à l'immobilité ou à capituler séparément; on aurait eu alors quelque chance avec une armée moins nombreuse de tenir tête aux troupes de la confédération du Nord. On était en mesure de vivre aux frais de l'ennemi et on avait près de Metz la seconde partie de l'armée française pouvant seconder ce mouvement en marchant par Saarbruck, Trèves, Creuznach vers le même point et en fortifiant sa ligne de retraite. De ce côté on pouvait espérer un succès. Qu'a-t-on fait au lieu de cela? on est resté 15 jours entiers dans l'inaction la plus incompréhensible, on a donné le temps à toutes les troupes de l'Allemagne de se réunir et de porter sur la France une armée de 700,000 hommes. Une fois cette faute commise, avec des forces si écrasantes devant soi, on a eu l'imprudence de diviser tellement ses forces sans pouvoir se porter secours à temps que chaque corps d'armée se trouvait toujours en face d'un nombre triple d'ennemis; joignez à cela l'insouciance de plusieurs chefs, et vous verrez là bien des motifs sérieux pour expliquer le désastre inouï qui a frappé l'armée française et a été cause de tous les malheurs et de tous les revers qui ont accablé la France.

J'ai essayé en peu de mots de tracer l'origine de la guerre, le cercle vicieux dans lequel se trouvait le Gouvernement dans les dernières années et qui a occasionné un mécontentement général; j'ai tâché de prouver que pour remédier à ce malaise, au lieu de changer complètement le régime du gouvernement absolu, on a fait semblant de vouloir entrer dans une voie libérale, et que l'Empereur, regrettant un pouvoir perdu, a préféré se jeter dans une aventure nouvelle plutôt que de remettre le pouvoir à la nation et qu'il y a perdu sa couronne. Dans le cas contraire, il aurait sauvé sa dynastie. Il ne me reste qu'à examiner la situation actuelle et quelles peuvent en être les conséquences, tant pour la France que pour l'Europe. Une des conséquences du désastre de Sedan a été la proclamation de la République et la déchéance de la famille Bonaparte.

On aurait pu espérer que la République aurait profité de cette circonstance en réclamant en faveur de la paix et en calmant le parti de la guerre.

L'occasion était favorable. Le Roi de Prusse dans son manifeste ayant dit qu'il faisait la guerre contre la dynastie, cette dynastie tombée, le plus simple aurait été de s'adresser tout droit au Roi de Prusse pour demander un armistice, lui rappelant ses paroles et en faisant observer que la dynastie tombée, les causes de la guerre avaient disparu; qu'on demandait le temps pour faire prononcer le pays et prouver que c'était la volonté de la nation qui avait détrôné le souverain. Il était clair que la nation était solidaire des fautes commises par son Souverain, acclamé quelques mois auparavant par des millions de voix.

Mais la nation voulait-elle sérieusement la guerre? aurait-elle donné un suffrage aussi considérable à l'Empereur si elle avait été convaincue qu'on la lancerait dans une si terrible aventure? Que de mensonges n'avait-il pas fallu! Combien d'argent n'avait-on pas dépensé pour la porter à un diapason pareil, pour qu'elle approuvât cette guerre! N'y avait-il pas là des circonstances atténuantes, et l'Europe n'aurait-elle pas plaidé en faveur de la France?

Je le crois certainement; mais on ne profita pas du moment, on préféra faire croire qu'on serait capable de vaincre là où une armée régulière avait dû succomber. On rappela les souvenirs de 1792. Vaines chimères! Avait-on devant soi une Allemagne désunie et désorganisée comme alors? et si les Français connaissaient mieux leur histoire, ils sauraient que le Danton de cette époque, tout en criant de *l'audace, toujours de l'audace*, ne dédaignait pas de traiter secrètement avec le Duc de Brunswick, et qu'on profita de ce relai pour former des soldats.

Si Brunswick avait marché sur Paris, tout était dit. Est-on assez naïf pour croire que les Prussiens commettront la même faute à présent?

On a laissé passer ce moment et la leçon n'en sera que plus dure.

Paris est armé et sera obligé de se rendre; ce n'est qu'une question de temps. Il est à espérer qu'on épargnera à Paris le sort de Strasbourg. On reproche à la Prusse des cruautés inouïes à Bazeille; on prétend qu'ils auraient brûlé tout vifs des femmes et des enfants, qu'on aurait fait un auto-da-fé du Maire et de sa femme, qu'on aurait rôti tout vivants des enfants aux pointes des baïonnettes. Tout cela me paraît très-exagéré; mais même si c'était vrai, les Turcos ont commis des horreurs qu'on ne peut démentir. A Cologne, dans un hôpital se trouvait un capitaine prussien qui, évanoui sur le champ de bataille, aurait été amputé des mains par un Turco. Passons sur ces horreurs sans nom. Un fait est vrai, la destruction des monuments de Strasbourg et de cette riche bibliothèque, sans pareille dans le monde, a été un acte de Vandalisme tout-à-fait inutile. Je ne crois pas que Paris ait à redouter (sans en être sûr) une calamité pareille.

Je regrette infiniment tous les maux dont cette pauvre France souffre en ce moment; j'espère que cela ne durera plus longtemps et que le jour n'est pas loin où elle pourra jouir de nouveau des bienfaits de la paix et réparer les pertes immenses qu'elle a dû essuyer.

Quelles sont en dernier lieu les prétentions de l'Allemagne pour arriver à la paix?

1º. La première serait la revendication de tous les Etats où se parle la langue allemande et ayant appartenu à l'ancien Empire Germanique.

2'. L'annexion de l'Alsace et de la Lorraine, moitié de la flotte et une indemnité très-forte.

3º. Le démantèlement des forteresses sur les frontières allemandes avec une forte indemnité.

La première condition pose un précédent qui ne peut être que très-mal interprété par toutes les puissances neutres.

Réclamer les pays où l'on parle la langue Allemande, ou ayant appartenu à l'Empire Allemand, c'est également réclamer de la Russie les provinces Baltiques, c'est réclamer les Pays-Bas Autrichiens ayant appartenu à l'Empire Germanique.

Il est à prévoir que la Russie n'admettrait jamais une prétention aussi exorbitante et que cette puissance se tournerait immédiatement contre la Prusse si elle osait tenir à ce programme que les feuilles Allemandes conseillent.

2⁰. L'annexion de l'Alsace et de la Lorraine serait un acte très-impolitique. Ce serait pour la France une perte tellement grande qu'elle ne cesserait la lutte, profitant de chaque bonne occasion qui pourrait se présenter, qu'après avoir été réduite à une impuissance complète. Ne serait-ce pas aussi un prétexte pour pouvoir tenir à sa disposition une armée assez forte pour écraser la démocratie Allemande le jour où elle voudrait relever la tête ? — Ce serait un brandon de discorde pour l'Europe et une raison de continuer ce système d'armement coûteux qu'il est du plus grand intérêt de prévenir. L'Alsace et surtout la Lorraine sont françaises de cœur. — Le Clergé a su fanatiser la population contre les Prussiens qu'il représente comme hérétiques, usurpateurs, oppresseurs. Il est donc douteux que la Prusse jouisse en paix pendant longtemps de cette annexion forcée. Les Français de l'Alsace et de la Lorraine qui ont des liens de parenté dans les autres parties de la France trouveront là un puissant auxiliaire pour entretenir la haine contre leurs oppresseurs. Il n'est plus de notre époque d'invoquer le droit du plus fort pour trafiquer des peuples et de leurs sentiments, et si un des devoirs de l'humanité est de s'aimer les uns les autres, si les progrès de la civilisation doivent tendre à augmenter le bien-être et l'amour des peuples, certes une telle spoliation est une barrière contre le droit et la justice. — Nous sommes loin de ne pas approuver tous les moyens dont on userait pour prévenir de nouveaux troubles en Europe et nous croyons que l'Allemagne est en droit de les demander. Mais nous ne croyons pas que ce soit en préparant de nouvelles annexions que la Prusse y parviendrait.

La France ayant commencé l'agression, c'est elle qui devra en subir les conséquences.

Si donc la Prusse réclame des garanties, il semble

qu'en démantelant toutes les forteresses le long des frontières du Rhin et de la Moselle, en limitant par une convention quelconque les garnisons sur ces frontières, et en faisant payer à la France une indemnité de deux milliards et demi, il y aurait là de quoi contenter l'Allemagne. La France du reste est tellement battue qu'il faudra vingt-cinq ans au moins pour réparer les profondes blessures qu'elle a reçues, et la Prusse n'aura pas besoin de prendre l'Alsace et la Lorraine pour se garantir contre une nouvelle guerre de ce côté.

En agissant de la sorte, si un nouveau conflit venait à surgir et que la France fît de nouvelles provocations à la Prusse, il n'est guère douteux que l'Europe entière ne s'indignât à son tour et que la France ne fût mise au ban de toutes les nations. Quoique M. de Bismarck n'ajoute pas foi à la reconnaissance des nations, il aurait le plus beau rôle dans cette partie et aussi la force et le droit de son côté plus tard.

Que deviendrait la situation politique de l'Europe si la France était anéantie? Tout fait croire que la Prusse jouerait le rôle que la France ambitionnait et que les paroles de Fréderic le Grand que s'il était Roi de France, pas un coup de canon ne se tirerait en Europe sans sa volonté, passerait à l'histoire des mythes. — Après l'immense désastre de la France en 1870, sa prépondérance en Europe est finie. Il lui faudra bien des années pour le réparer. Nous aurons alors deux nations qui forcément devront diriger les destinées de l'Europe — la Prusse qui dominera l'Allemagne, et la Russie.

La Prusse n'en sera que plus forte; car une conséquence naturelle sera que l'Autriche s'alliera avec elle pour se maintenir, et ces deux empires feront le contre-poids contre la Russie. C'est donc la France qui par sa légèreté aura créé l'Allemagne unie, et si la Prusse usait avec modération des bénéfices de la victoire, rien ne fait supposer que la paix de l'Europe fût compromise de longtemps.

Par sa position, par sa force morale et prépondérante, elle est forcément appelée à diriger les destinées de l'Allemagne, et même si, par les sacrifices imposés à ce pays, la couronne d'Empereur d'Allemagne était dévolue à son Roi, ce ne serait pas tant à craindre qu'on le suppose. Si la Prusse veut Prussifier toute l'Allemagne et créer un Empire Prussien au lieu d'un Empire d'Allemagne, sa tâche sera ardue. Les différents États de l'Allemagne ont prouvé qu'on pouvait compter sur eux en cas d'attaque et d'invasion; mais chaque État veut garder son indépendance, et tout en respectant les droits de prépondérance de la Prusse en Allemagne, ni la Bavière, ni le Wurtemberg et les autres États où l'élément démocratique est puissant, ne voudront se laisser incorporer par la Prusse. Plusieurs éléments de discorde existent en Allemagne, et ils sont assez grands pour qu'il faille encore bien du temps avant de se mettre d'accord.

La Russie, une fois ses chemins de fer construits, ayant toutes ses communications bien établies, prendra un développement très-considérable.

La Russie est très-riche en produits; les communications ferrées lui faisaient défaut. Les blés pourrissaient, le bois n'était pas transportable, les minéraux n'avaient pas de débouché. Tout cela est changé complètement. Soixante-neuf nouvelles lignes sont décrétées; on voit donc toute l'importance que le Gouvernement russe attache lui-même au développement de ses chemins de fer.

La Russie est donc appelée à jouer un jour un grand rôle dans les affaires de l'Europe.

Il ne dépendra que d'elle-même de fixer la date où il lui plaira de s'emparer de la Turquie.

Les traités de Paris ne sont pas un obstacle sérieux pour l'en empêcher, si elle le voulait.

L'Angleterre voyant la France perdre son influence et sa force pour longtemps, aura beau s'adresser à cette puissance. La France, le voulût-elle, ne serait pas à même de lui être d'un secours efficace. L'Autriche, cet échiquier de nationalités, avec un Gouvernement sans force, avec des finances délabrées (il y avait des moyens bien plus pratiques de s'en tirer que d'annuler à jamais son crédit par la diminution de sa rente), que pourait-elle faire? Si elle bougeait, la Prusse pourrait reconnaître le service de neutralité que la Russie lui rend en ce moment et la tenir en échec. Il est probable que l'Angleterre en a pris son parti. Le canal de Suez lui facilitant ses communications avec ses possessions asiatiques, elle se dédommagerait de ce côté. L'Angleterre a trop souvent laissé percer sa pensée secrète pour qu'on ne l'ait pas devinée.

N'est-il donc pas d'un intérêt Européen que la France soit à même de garder sa position en Europe? Le moment ne pourrait-il pas venir un jour que son influence fût d'un grand intérêt pour l'équilibre Européen? L'Europe dominée par deux puissances comme la Prusse et la Russie, que reste-t-il de ce fameux équilibre, qui se résume aux paroles que la force prime le droit, et que le droit du plus fort (s'il n'est pas le plus juste) est toujours le meilleur? Que faut-il pour la France, à ce pays si riche, pour reprendre sa vitalité? Une paix durable et un gouvernement fort. La France devra comprendre une fois pour toutes qu'elle en a eu assez de cette gloire à laquelle elle a tout sacrifié, et qu'elle doit désormais la chercher dans le bonheur et la richesse de sa population, bien plus que dans les chimères des conquêtes et des aventures.

Le gouvernement qui lui fera comprendre cette vérité lui aura rendu sa véritable grandeur. La tâche est ingrate, l'héritage de cette couronne n'est pas à envier pour le moment.

Sans vouloir me prononcer, il n'est pas probable que la République ait cette force nécessaire pour lui faire reprendre son rang parmi les grandes puissances de l'Europe ; mais elle a au moins le pouvoir de lui rendre cette liberté pour arriver à développer ses forces intellectuelles assoupies par un despotisme de 18 ans.

Le dernier souhait que je fais pour l'avenir de ce beau pays, c'est qu'il retrouve un jour ce gouvernement qui lui apportera le bonheur, le repos et la prospérité.

APPENDICE.

Depuis que ce résumé a été remis à l'éditeur, des changements notables sont survenus dans la situation de la France. — Strasbourg, Toul, Metz ont été pris par la Prusse. — Avais-je tort de dire plus haut que le Gouvernement qui avait remplacé l'Empire aurait dû mieux apprécier la situation après la grande catastrophe de Sedan. Invoquer les souvenirs de 1792 et surtout les comparer à la situation actuelle, c'était tout bonnement une sottise. Si après des démarches faites alors pour réunir une Constituante et décider de la paix, la Prusse avait montré ne vouloir que la conquête, les différents Gouvernements de l'Europe qui prouvent leur sympathie en ce moment pour la France auraient accentué peut-être leurs démarches d'une manière plus énergique. On avait alors encore Strasbourg, Toul et Metz; et combien de malheurs n'aurait-on par prévenus! combien de villes et de villages ont été détruits depuis! combien d'hommes ont péri! Malheureuse France, que tes maux finissent bientôt!

J'ai tout lieu de croire que la Prusse aussi ne demande pas mieux que d'en finir, et quoique la situation ait complètement changé par la prise de Strasbourg, Toul, Metz et la reddition de Bazaine, une paix durable n'est possible que si la Prusse n'abuse pas de la victoire.

Qu'elle prenne ses précautions, c'est bien; mais organisée comme elle est, pouvant disposer en quelques jours d'un million de soldats, ayant rasé toutes les forteresses françaises, maître peut-être du Luxembourg et avec des places fortes comme Coblentz, Mayence, Cologne etc. etc., a-t-elle à craindre une nouvelle attaque de la France. Après des revers sans exemple, des pertes immenses d'hommes et la destruction de tant de propriétés, la France aura besoin de toute son énergie pour se remettre et il lui faudra bien 25 ans.

Réclamer des provinces Françaises, c'est éterniser une haine entre des peuples qui ne devraient avoir d'autres barrières et d'autre rivalité que le respect mutuel pour les progrès des arts et de l'industrie dont ils devraient et pourraient profiter tous deux. Les peuples ne *se détestent* pas s'ils n'y sont poussés par l'ambition ou l'intérêt de ceux qui les dirigent.